Ritual do Ministro Extraordinário

Dados Internacionais de Catalogação na Publicação (CIP)
(Câmara Brasileira do Livro, SP, Brasil)

Ritual do ministro extraordinário / Arquidiocese de
  Santa Maria ; organização de Hélio A. Rubert. 8. ed. –
  Petrópolis, RJ : Vozes, 2015.

  ISBN 978-85-326-2118-4

  1. Ação católica 2. Catequese – Igreja Católica
  3. Eucaristia 4. Ministros do culto – Manuais, guias etc.
  5. Ministério – Igreja Católica 6. Ministério leigo –
  Formação I. Arquidiocese de Santa Maria II. Rubert,
  Hélio A.

  15-05594   CDD-264.36

Índices para catálogo sistemático:
1 Formação de Ministros da Eucaristia : Igreja
Católica : Manuais   264.36

Arquidiocese de
Santa Maria

RITUAL DO MINISTRO EXTRAORDINÁRIO

Organização de Pe. Hélio A. Rubert

1ª Reimpressão
Junho/2016

Petrópolis

© 1999, 2015, Editora Vozes Ltda.
Rua Frei Luís, 100
25689-900 Petrópolis, RJ
www.vozes.com.br
Brasil

Todos os direitos reservados. Nenhuma parte desta obra poderá ser reproduzida ou transmitida por qualquer forma e/ou quaisquer meios (eletrônico ou mecânico, incluindo fotocópia e gravação) ou arquivada em qualquer sistema ou banco de dados sem permissão escrita da editora.

Diretor editorial
Frei Antônio Moser

Editores
Aline dos Santos Carneiro
José Maria da Silva
Lídio Peretti
Marilac Loraine Oleniki

Secretário executivo
João Batista Kreuch

Diagramação: Sheilandre Desenv. Gráfico
Capa: Jardim Objeto

ISBN 978-85-326-2118-4

Editado conforme o novo acordo ortográfico.

Este livro foi composto e impresso pela Editora Vozes Ltda.

Sumário

Apresentação, 7

1 Oração do Ministro Extraordinário, 9

2 Celebração para conferir o mandato, 11

3 A comunidade cristã é toda ministerial, 15

4 Espiritualidade do Ministro Extraordinário, 17

5 Orientações sobre os ministros, 19

    5.1 Critérios para admissão de novos ministros, 19

    5.2 Atribuições do Ministro, 20

    5.3 Veste própria e objetos, 21

    5.4 Atuação do Ministro na missa, 22

6 Rito da Comunhão fora da missa, 25

    6.1 Primeira fórmula, 25

    6.2 Segunda fórmula, 28

7 Bênçãos, 31

    7.1 Sentido teológico e pastoral das bênçãos, 31

    7.2 Bênçãos dadas também por leigos, 32

        7.2.1 Bênção de casa, 32

        7.2.2 Bênção de família, 34

- 7.2.3 Bênção de criança, 38
- 7.2.4 Bênção de doente, 39
- 7.2.5 Bênção da saúde, 41
- 7.2.6 Bênção da mesa, 42
- 7.2.7 Bênção de plantações, campos e pastagens, 43
- 7.2.8 Bênção de animais, 46
- 7.2.9 Bênção de túmulo, 47
- 7.2.10 Bênção de automóvel, 48
- 7.2.11 Bênção de objetos diversos, 49

8 Exposição do Santíssimo Sacramento, 51

9 Rito de encomendação de um morto, 55

10 Cantos, 61
- 10.1 O Povo de Deus, 61
- 10.2 Vem, Espírito Santo, 62
- 10.3 Tu deste saúde, 63
- 10.4 Hóstia branca, 64
- 10.5 Graças vos damos, Senhora, 64
- 10.6 Com minha Mãe 'starei, 65
- 10.7 Dai-nos a bênção, 66
- 10.8 Hino da Medianeira, 66

11 Oração para uma boa viagem, 69

Apresentação

Com alegria colocamos nas mãos e no coração dos ministros extraordinários, homens e mulheres, este ritual, que será um guia familiar de oração e celebração.

Uso as palavras sábias e motivadoras do meu antecessor, Dom José Ivo Lorscheiter, colocadas nas primeiras edições deste ritual:

"Na Igreja, povo de Deus e corpo místico de Cristo, cada um tem uma tarefa a cumprir, cabendo-lhe ser fiel em descobri-la e realizá-la. Muitos serão, pois, os ministérios na comunidade cristã, contribuindo todos para a vitalidade e a beleza do conjunto.

Sem clericalizar os leigos e sem ofuscar a sua vocação específica – a 'índole secular', isto é, a presença e atuação nas realidades terrestres – saúdo e abençoo os sempre mais numerosos ministros extraordinários da Comunhão, da Palavra, das bênçãos, das exéquias e da animação das comunidades. Suprem eles a insuficiência numérica dos ministros ordenados e manifestam que 'a Igreja toda é ministerial'.

No uso deste ritual, sejam todos exatos e criativos, isto é, sigam o que nele se prescreve, sem perder o sábio e necessário dom de adaptar-se às circunstâncias concretas. As realidades santas, que tocam e oferecem aos outros, façam neles crescer a fé e a caridade, para a edificação do Reino de Deus".

Que este ritual, prático e conciso, seja um instrumento para o grande serviço dos ministros nas comunidades, na evangelização e santificação.

Santa Maria, 6 de janeiro de 2015.
† Hélio Adelar Rubert – Arcebispo

1 Oração do Ministro Extraordinário

Senhor Jesus, / tu me deste a graça de ser ministro / e servo de teu Corpo abençoado. Quantas vezes levo o calor de tua visita / aos doentes da minha comunidade / e distribuo teu Corpo / aos homens e mulheres famintos / na hora da celebração da missa.

Tenho muita alegria em ser teu servidor / e poder encontrar pessoas simples e pobres, / doentes e idosas / esperando a visita reconfortadora de teu amor.

Que eu seja digno servidor, / que eu possa ter sempre na minha vida / esta atitude de serviço e de dom / que transpareceram tão belamente / em tua trajetória humana. Hoje ainda, / na glória, / no mistério do sinal do Pão, / tu te entregas aos homens / e te serves de minhas mãos / e de minha vida / para fazer-te oferenda.

Faze, Senhor, / que a palavra de meus lábios / corresponda à minha vida, / que eu seja puro de coração e de intenção, / que eu desapareça totalmente no meu ministério. Que eu seja irmão daqueles homens / e daquelas mulheres / que recebem teu corpo. Que eles estejam presentes em minha oração de todos os momentos.

Que eu te sirva, Senhor Jesus, / com toda humildade. Amém.

Frei Almir Ribeiro Guimarães, OFM

2 Celebração para conferir o mandato

(Após a homilia, na missa.)

Pároco: Queiram aproximar-se os que irão receber o mandato de Ministro Extraordinário da Comunhão e de outras funções na comunidade.

(Faz a chamada nominal. O candidato responde: Presente.)

Pároco: Muito estimado Senhor Bispo (ou representante), a nossa Igreja, em seu zelo pastoral por todos os homens, especialmente pelos que sofrem, decidiu conferir a estes leigos de fé viva e participação ativa na comunidade o encargo de Ministro Extraordinário da Comunhão e de outras funções na comunidade. Peço que o Senhor lhes confira estes ministérios.

Bispo: Podes dizer-me se eles são idôneos e preparados?

Pároco: Atestam comigo a comunidade local e a coordenação diocesana da Pastoral dos Ministérios que estes candidatos são idôneos e preparados.

(A comunidade pode manifestar a sua concordância batendo palmas ou mediante outro sinal.)

Bispo: *(Acolhe os candidatos apresentados, falando do sentido e da responsabilidade da missão que lhes será dada. Pode fazê-lo nestes termos:)*

A Sé Apostólica dá a estes nossos irmãos (irmãs) a missão eclesial do serviço à comunidade e à Eucaristia. Cabe-lhes ativa colaboração na edificação das nossas comunidades cristãs de fazerem da Sagrada Eucaristia a fonte de sua vida. Deverão levá-la aos enfermos, às comunidades distantes, e auxiliarão o sacerdote a distribuí-la na Celebração Eucarística.

Caríssimos irmãos, vocês foram, pois, escolhidos para um serviço muito importante. O ministério deve distingui-los entre os irmãos pela vida cristã autêntica, pela fé viva e pela participação responsável nos trabalhos em favor da comunidade cristã. Devem procurar viver com grande intensidade a Eucaristia, sinal e símbolo da unidade da Igreja.

A consciência de que, ao se alimentarem do Corpo de Cristo e beberem o seu Sangue, anunciam a morte do Senhor até que Ele venha, deve levá-los a transformar suas vidas em ofertas agradáveis a Deus, por meio de Nosso Senhor Jesus Cristo.

E ainda, ao participarmos de um só pão, nós, que somos muitos, formamos um só corpo, o Corpo de Cristo: a Igreja. Por isso, como servidores da Eucaristia, vocês foram chamados a viver mais intensamente a caridade fraterna, que se expressa no serviço à edificação de nossas comunidades. Pois Nosso Senhor, ao dar de comer aos discípulos o seu Corpo, acrescentou: "O que vos mando é que vos ameis uns aos outros", e, ajoelhando-se diante deles, lavou-lhes os pés.

Estimados candidatos, quão elevada e nobre é a missão que a Igreja lhes quer confiar; mas é preciso saber se estão dispostos a assumi-la com generosa responsabilidade.

Compromisso: *(Os candidatos põem-se de pé diante do bispo, que lhes dirige estas perguntas:)*

Bispo: Quereis viver mais intensamente o mistério da Sagrada Eucaristia, fazendo frutificar na vida o amor e a unidade que ela simboliza?

Candidatos: Sim, queremos.

Bispo: Quereis dedicar-vos ao aprofundamento da vossa vida cristã através da assídua meditação da Sagrada Escritura?

Candidatos: Sim, queremos.

Bispo: Quereis dedicar-vos com o máximo cuidado e reverência à conservação, ao culto e à distribuição da Eucaristia aos vossos irmãos?

Candidatos: Sim, queremos.

(O bispo manda ler a provisão do mandato. Depois disso os candidatos se ajoelham, enquanto o bispo proclama a seguinte bênção:)

Bispo: O Deus todo-poderoso, fonte de toda graça e bênção, vos abençoe na função que assumis. Ao comprometer-vos nos trabalhos comunitários, ao distribuirdes o Corpo de Cristo, Pão da Vida, aos vossos irmãos, e ao procurardes viver intensamente este mistério, possais merecer participar no céu da festa que nunca se acaba. Por Nosso Senhor Jesus Cristo, na unidade do Espírito Santo.

Todos: Amém.

(Em seguida o bispo entrega aos novos ministros a provisão e a carteirinha de identificação. Os novos ministros podem vestir a opa.)

3 A comunidade cristã é toda ministerial

Jesus fundou a Igreja e lhe deu a missão de continuar sua obra. Para serem fiéis à missão recebida de Jesus, as primeiras comunidades cristãs começaram a se organizar e a distribuir as tarefas e os serviços em unidade.

São Paulo manifesta essa unidade de vida e de espírito, bem como a diversidade de funções, fazendo uma comparação com o corpo, onde cada um dos membros tem funções diferentes, mas colabora para a harmonia de todo o organismo (1Cor 12,27-28).

Os serviços repartidos caracterizam a comunidade como ministerial. As diferentes formas de colaborar com a comunidade e construir o Reino de Deus são chamadas de ministérios ou serviços. As palavras "ministro" e "ministério" correspondem ao grego *diákonos* (servidor) e *diakonia* (serviço). Ministro, portanto, é aquele que serve a comunidade. O Ministro da Comunhão é aquele que serve ao povo com a Eucaristia.

Os ministérios são um serviço exercido por alguém, suscitado pelo Espírito Santo e reconhecido pela comunidade, para a sua edificação. Quanto mais viva e participativa for a comunidade, mais serviços e ministérios vão surgindo para acompanhar o seu crescimento e a diversificação de suas celebrações.

Atualmente existem diversos tipos de ministério litúrgico na Igreja:

1) *Os ministros ordenados*: bispo, presbítero e diácono.

2) *Os ministros instituídos*: leitor (relacionado com a Palavra) e acólito (ligado ao serviço da Eucaristia e da promoção da caridade).

3) *Os ministros credenciados*: são os ministros extraordinários do Batismo, da Comunhão Eucarística, da assistência ao Matrimônio e da Esperança (exéquias).

N.B.: A vida e a necessidade de cada comunidade poderá fazer surgir outros serviços e ministérios: proclamadores da Palavra, servidores do altar, recepcionistas, comentaristas, cantores, instrumentistas, sacristães, dirigentes das celebrações da palavra, dirigente de via-sacra, de grupos de famílias, etc.

4 Espiritualidade do Ministro Extraordinário

Por espiritualidade se entende o modo de ser, de pensar, viver e agir como cristão. É um estilo de vida que marca a maneira de assumir o dom da filiação divina recebido no Batismo.

A espiritualidade própria do Ministro Extraordinário está vinculada ao serviço da Eucaristia. O Ministro leva o Pão Eucarístico aos irmãos e compromete-se com a sua vida, de modo especial com os mais pobres, os doentes e idosos.

Como fermento de fraternidade, cultivará o espírito comunitário, anunciará o Reino de Deus e denunciará o que se opõe à vida de fé e de fraternidade. Cultivará o dom de si mesmo, a vivência eucarística, procurando ser luz e fermento do Evangelho na família e na sociedade.

Faz parte também da espiritualidade do Ministro Extraordinário sua constante formação no conhecimento da fé, no estudo da liturgia e nos métodos de trabalho.

E, finalmente, ele é "ministro", isto é, servidor. Portanto, não é chefe, e muito menos dominador. Ele se inspirará sempre no programa de Jesus: "O Filho do homem não veio para ser servido, mas para servir" (Mt 20,28).

5 Orientações sobre os ministros

5.1 Critérios para admissão de novos ministros

1) Os novos ministros sejam indicados pela comunidade e aprovados pelo pároco.
2) Os novos ministros tenham uma boa vivência cristã, participação ativa na comunidade e estejam de acordo com os ensinamentos da Igreja.
3) Os novos ministros devem ser pessoas de boa reputação pelo seu modo cristão de viver e também ser aceitos na comunidade.
4) Se forem casados, os novos ministros estejam bem com sua vida familiar e contem com o apoio e consentimento de seus familiares para se dedicarem ao ministério.
5) Os ministros deverão ter uma adequada preparação através de: experiência prática

na base, participação nos cursos aprovados pela diocese, participação nos encontros promovidos pela arquidiocese.

6) Os novos ministros tenham um grau de cultura suficiente para se comunicar e exercer bem, no seu ambiente, esse ministério.

7) O mandato é dado ao ministro para ser exercido na própria paróquia, capela ou comunidade.

8) Os novos ministros receberão o mandato por escrito do arcebispo diocesano e, normalmente, para um período de cinco anos.

9) O ministro poderá ter renovado o mandato mediante solicitação do pároco.

10) Quem possui mandato conferido por outra diocese só poderá exercê-lo nesta diocese mediante solicitação do pároco e cumprimento dos critérios aqui enumerados.

5.2 Atribuições do Ministro

1) Ajudar o sacerdote e o diácono a dar a Comunhão nas missas quando o número de fiéis o exigir.

2) Distribuir a Comunhão a si e aos outros fiéis nos cultos por ele presididos.

3) Levar a Comunhão aos doentes em casa e instituições de saúde e confortá-los.

4) Dirigir o culto litúrgico na ausência de sacerdote.

5) Pregar a Palavra de Deus, na ausência de sacerdote, durante o culto dominical.

6) Presidir as orações nos funerais, na ausência de sacerdote ou diácono.

7) Expor e repor o Santíssimo Sacramento nas adorações, sem dar a Bênção do Santíssimo, que é própria do presbítero.

8) Fazer as orações junto aos agonizantes, sem dar a Unção dos Enfermos, a qual é reservada unicamente ao sacerdote.

9) Dar as bênçãos facultadas também aos leigos, segundo o novo Ritual de Bênçãos.

10) Fazer parte integrante da Equipe de Liturgia.

11) Estar atento às necessidades da comunidade e promover a união de todos.

5.3 Veste própria e objetos

– Os ministros extraordinários da Comunhão deverão usar a opa durante as suas funções litúrgicas nas casas ou igrejas. As paróquias escolherão o modelo e a cor das opas a serem adotadas. É necessário que tenham mangas longas e um emblema eucarístico.

– Nas funções litúrgicas exige-se dos ministros o uso do Ritual do Ministro adotado na arquidiocese.

– Para levar a Comunhão aos doentes o ministro usará uma teca e o corporal.

– Os ministros poderão obter junto aos seus párocos uma carteirinha de identificação.

5.4 Atuação do Ministro na missa

O Ministro da Comunhão tem sua função específica na missa, de acordo com a necessidade, auxiliando o sacerdote a distribuir o Pão da Eucaristia. Não deve assumir outros serviços litúrgicos.

Orientações práticas

– Convém organizar rodízio entre os ministros para que todos eles tenham seu lugar de atuação. Ninguém é dono de determinada celebração, mas é um servidor da comunidade.

– O Ministro que auxilia a distribuir a Eucaristia na missa permanece no meio da comunidade até a hora do Pai-nosso. Após essa oração, veste a opa, purifica os dedos e se dirige ao altar ou ao sacrário. Se o cibório estiver no sacrário, busca-o e o leva ao altar, colocando-o sobre o corporal.

– Ao receber a Comunhão do presbítero, espera que ele lhe entregue o cibório para ajudar na distribuição da Eucaristia.

– Ao transportar o cibório, faça-o com dignidade, concentração e oração, pois está com o Cristo nas mãos. Não se preocupe com outras coisas.

– Após a comunhão da comunidade, leva o cibório ao sacrário, purifica os dedos e retorna ao seu lugar.

6 Rito da Comunhão fora da missa

6.1 Primeira fórmula

(Ao chegar na casa, o ministro saúda os presentes, veste a opa e inicia a oração.)

Ministro: Iniciemos nossa oração com o sinal da cruz: Em nome do Pai e do Filho e do Espírito Santo.

Todos: Amém.

Ministro: Em nome da comunidade trazemos o Pão da Eucaristia. É Jesus mesmo que se dá em alimento e é força em nossa caminhada. Ouçamos a sua Palavra:

– "Eu sou o Pão vivo que desceu do céu. Se alguém comer deste Pão, viverá eternamente. O pão que eu hei de dar é minha carne para a vida do mundo" (Jo 6,50-51).

- "Quem come a minha carne e bebe o meu sangue, permanece em mim e eu nele!" (Jo 6,56). – Palavra da Salvação!

Todos: Glória a Vós, Senhor!

(Outros textos para a Palavra de Deus:)

- "Eu sou o Caminho, a Verdade e a Vida; ninguém vem ao Pai senão por mim" (Jo 14,6).

- "Se alguém me ama, guarda a minha Palavra; meu Pai o amará, viremos a ele e nele faremos nossa morada" (Jo 14,23).

- "Todas as vezes que comerdes deste pão e beberdes deste cálice, anunciareis a morte do Senhor até que Ele venha" (1Cor 11,26).

- "Eu sou a videira, vós os ramos. Quem permanecer em mim, e eu nele, esse dá muito fruto, porque sem mim nada podeis fazer" (Jo 15,5).

Ministro: Todos temos necessidade do perdão de Deus! Deus é amor e misericórdia. Olhemos para nossa vida e peçamos perdão de nossos pecados. Confessemos os nossos pecados:

Todos: Confesso a Deus todo-poderoso, e a vós, irmãos e irmãs, que pequei muitas vezes por pensamentos e palavras, atos e omissões, por minha culpa, minha tão grande culpa. E peço à Virgem Maria, aos anjos e santos, e a vós, irmãos e irmãs, que rogueis por mim a Deus, Nosso Senhor.

Ministro: Felizes os convidados para a ceia do Senhor. Eis o Cordeiro de Deus, que tira o pecado do mundo.

Todos: Senhor, eu não sou digno de que entreis em minha morada, mas dizei uma palavra e serei salvo.

(O Ministro apresenta a hóstia e diz:)

Ministro: O Corpo de Cristo!

Comungante: Amém.

Oração após a Comunhão

Ministro: Alimentados com o mesmo Pão, nós vos pedimos, ó Deus, que possamos viver uma vida nova e perseverar no vosso amor. Por Nosso Senhor Jesus Cristo, vosso Filho, na unidade do Espírito Santo.

Todos: Amém.

ou: Fortificados por este alimento sagrado, nós vos damos graças, ó Deus, e imploramos vossa clemência. Fazei que perseverem na sinceridade do vosso amor aqueles que fortalecestes pela infusão do Espírito Santo. Por Nosso Senhor Jesus Cristo, vosso Filho, na unidade do Espírito Santo.

Todos: Amém.

(O Ministro pode fazer outras orações. No final, diga:)

Ministro: Que o Senhor nos abençoe, nos guarde de todo mal e nos conduza à vida eterna. Amém. Louvado seja Nosso Senhor Jesus Cristo!

Todos: Para sempre seja louvado!

6.2 Segunda fórmula

Ministro: A paz esteja nesta casa e com todos os seus moradores!

Irmãos, participemos com fé desta celebração, reconhecendo nossos pecados:

Todos: Confesso a Deus todo-poderoso, e a vós, irmãos e irmãs, que pequei muitas vezes por pensamentos e palavras, atos e omissões, por minha culpa, minha tão grande culpa. E peço à Virgem Maria, aos anjos e santos, e a vós, irmãos e irmãs, que rogueis por mim a Deus, Nosso Senhor.

– Deus todo-poderoso tenha compaixão de nós, perdoe os nossos pecados e nos conduza à vida eterna. Amém.

Ministro: A Palavra de Deus em São João (6,54-55) nos diz: "Quem come minha Carne e bebe meu Sangue, possui a vida eterna, e eu o ressuscitarei no último dia; pois minha Carne é verdadeira comida e meu Sangue verdadeira bebida".

(Outros textos para a Palavra de Deus:)

– "Deixo-vos a paz, dou-vos a minha paz, mas não como a dá o mundo. Não se perturbe o vosso coração, nem se atemorize" (Jo 14,27).

– "Nós conhecemos e cremos no amor que Deus tem para conosco. Deus é amor, e quem permanece no amor permanece em Deus e Deus nele" (1Jo 4,16).

Ministro: Agora, todos juntos, rezemos a Deus, como nos ensinou Nosso Senhor Jesus Cristo: Pai nosso...

(O Ministro apresenta o Santíssimo, dizendo:)

Felizes os convidados para a Ceia do Senhor! Eis o Cordeiro de Deus, que tira o pecado do mundo.

Comungante: Senhor, eu não sou digno(a) de que entreis em minha morada, mas dizei uma palavra e serei salvo(a).

Ministro: O Corpo de Cristo.

Comungante: Amém.

Ministro: *(Após um momento de ação de graças)*

Oremos. Senhor, Pai Santo, Deus todo-poderoso, nós vos pedimos confiantes que o sagrado Corpo de vosso Filho, Nosso Senhor Jesus Cristo, seja para nosso(a) irmão(ã) remédio de eternidade, tanto para o corpo como para a alma. Por Nosso Senhor Jesus Cristo, vosso Filho, na unidade do Espírito Santo.

Todos: Amém.

Que o Senhor nos abençoe, nos guarde de todo o mal e nos conduza à vida eterna.

Todos: Amém.

Vamos em paz e o Senhor nos acompanhe.

Todos: Amém.

7 Bênçãos

7.1 Sentido teológico e pastoral das bênçãos

A bênção é um sacramental, isto é, um rito da Igreja que vem santificar nossa vida pela graça que Deus concede aos homens, através de seu Filho Jesus Cristo. Tomar a bênção, pedir a bênção para uma casa, um doente, uma criança, uma refeição etc. é exprimir a nossa fé na presença carinhosa de Deus e no poder da ressurreição. De fato, acreditamos que Deus é Pai e acompanha com interesse e com amor a vida de seus filhos.

A bênção tem também este sentido: ela é um louvor e um agradecimento a Deus. A palavra "bênção" vem de "bendizer", ou seja, "bem dizer", isto é, falar bem. No caso, falar bem de Deus, dizer o quanto Ele é bom! Por ocasião de cada bênção será necessário despertar, no coração das pessoas presentes, a admiração, o louvor e o agradecimento.

7.2 Bênçãos dadas também por leigos

A constituição conciliar sobre a sagrada liturgia prevê que certas bênçãos podem ser dadas também por leigos (SC n. 79). O novo *Ritual de bênçãos* traz uma série delas, que podem ser presididas por homens ou mulheres, em virtude de seu sacerdócio batismal (n. 18). Sugerimos as seguintes bênçãos pastorais:

7.2.1 Bênção de casa

(Reunida a família, o Ministro saúda os presentes, dizendo:)

Ministro: A paz esteja nesta casa e com todos os seus habitantes.

Todos: Bendito seja Deus que nos reuniu no amor de Cristo.

Ministro: Rezemos o Salmo 128:

"Felizes os amigos do Senhor!

Tu poderás ser um deles, se andares nos seus caminhos.

Tuas mãos terão que trabalhar, mas esse trabalho te dará sustento e ainda felicidade e o bem-estar.

Tua esposa será a companheira, que contigo criará o teu lar.

Teus filhos, fruto do teu amor, farão a alegria da tua mesa.

É assim que serão abençoados os amigos do Senhor.

Assim também Ele te abençoe e te faça participar da prosperidade do seu povo ao longo de toda a tua vida."

(A seguir o Ministro explica o sentido da bênção com estas ou outras palavras:)

Ministro: Quando uma pessoa pede a bênção sobre si e sobre suas coisas é porque deseja que esta presença de Deus seja vivida mais conscientemente; e quer um compromisso de vida com Deus, de forma especial. Pedir a Deus para que abençoe este lar é confiar a Ele – por um ato livre e cheio de amor – todo o destino desta casa. E é, em troca, assumir com Deus o compromisso de dar-lhe sempre, não apenas nesta casa, mas sobretudo no coração das pessoas que aqui vivem, o lugar que só a Ele pertence. Deus estará aqui presente, abençoando a vida, como fez desde o princípio da criação. E os moradores desta casa viverão em Deus com uma intensidade maior.

Ministro: Oremos *(O Ministro, com as mãos juntas, profere a oração da bênção:)*

A Vós, Deus Pai todo-poderoso, com fervor e humildade nos dirigimos, suplicando por esta casa, pelos que nela habitam e por tudo o que ela contém.

Abençoai-a e santificai-a. Dignai-vos enriquecê-la com toda a sorte de bens. Concedei-lhe, Senhor, o orvalho do céu e a fertilidade da terra, os bens espirituais e as coisas necessárias para a vida e o bem-estar. Que vossa presença ilumine a vida e os caminhos desta família. E que, por vossa graça, possa corresponder cada dia à vossa bondade. Por nosso Senhor Jesus Cristo, vosso Filho, na unidade do Espírito Santo.

Todos: Amém.

Ministro: *(O Ministro asperge a casa com água-benta e lembra que essa água recorda o Batismo de cada um. A seguir convida as pessoas a rezarem o Pai-nosso).*

(O Ministro finaliza com a invocação da bênção sobre as pessoas:)

Ministro: A bênção de Deus todo-poderoso, Pai e Filho e Espírito Santo, desça sobre nós e permaneça para sempre.

Todos: Amém.

7.2.2 Bênção de família

(Reunida a família, o Ministro diz:)

Ministro: Em nome do Pai e do Filho e do Espírito Santo.

Todos: Amém.

Ministro: A graça de Nosso Senhor Jesus Cristo esteja com todos nós.

Todos: Amém.

Ministro: Caríssimos irmãos e irmãs, a família recebeu pelo Sacramento do Matrimônio a graça de Cristo e uma vida nova. Por isso tem importância particular para a Igreja como para a sociedade civil, sendo ela a célula primeira e vital de ambas. Invocamos a bênção do Senhor para que os membros desta família sejam sempre, entre si, colaboradores da graça e mensageiros da fé nas diversas circunstâncias da vida.

Leitura da Palavra de Deus (Ef 4,1-6)

Irmãos, vamos ouvir as palavras de São Paulo aos efésios: "Assim, pois, eu, preso por causa do Senhor, vos exorto a andardes de uma maneira digna da vocação a que fostes chamados, com toda a humildade e mansidão, com paciência, suportando-vos uns aos outros com caridade. Sede solícitos por conservar a unidade do espírito mediante o vínculo da paz. Sede um só corpo e um só espírito, assim como fostes chamados por vossa vocação para uma só esperança. Há um só Senhor, uma só fé, um só Batismo. Há um só Deus e Pai de todos, que está acima de todos, por todos e em todos".

(Se for oportuno, o Ministro poderá dirigir algumas palavras aos presentes, explicando a leitura bíblica.)

Preces

Supliquemos humildemente ao Senhor para que olhe com bondade por esta família, e digamos:

Todos: Senhor, guardai a nossa família na vossa paz.

– Vós que, sendo obediente a Maria e a José, consagrastes a vida familiar, santificai esta família com vossa presença. Digamos:

Todos: Senhor, guardai a nossa família na vossa paz.

– Apresentastes a vossa sagrada família como admirável exemplo de oração, de amor e obediência à vontade do Pai. Santificai com vossa graça esta família e dignai-vos abençoá-la com os vossos dons. Digamos:

Todos: Senhor, guardai a nossa família na vossa paz.

– Amastes os vossos pais e fostes por eles amado. Consolidai todas as famílias na paz e na caridade. Digamos:

Todos: Senhor, guardai a nossa família na vossa paz.

Ministro: Rezemos com amor e confiança a oração que o Senhor nos ensinou:

Todos: Pai nosso...

Oração da bênção

(O Ministro, com as mãos juntas, profere a oração da bênção:)

Ministro: Nós vos bendizemos, Senhor nosso Deus, pois quisestes que o vosso Filho feito homem participasse da família humana e crescesse em estreita intimidade familiar, para conhecer as aflições e provar as alegrias de uma família. Senhor, nós vos rogamos humildemente por esta família; protegei-a e guardai-a, para que, confortada com o dom de vossa graça, goze a prosperidade, a paz e a harmonia, e dê no mundo testemunho de vossa glória, comportando-se como verdadeira Igreja doméstica. Por Cristo, Nosso Senhor.

Todos: Amém.

(Se for oportuno, o Ministro asperge água-benta sobre a família reunida, dizendo:)

Ministro: Que esta água nos lembre o nosso Batismo e o Cristo que nos salvou por sua morte e ressurreição.

Todos: Amém.

Ministro: Que Deus vos encha de alegria e esperança em vossa fé. A paz de Cristo exulte em vossos corações. O Espírito Santo derrame os seus dons sobre vós.

Todos: Amém.

7.2.3 Bênção de criança

(Inicia-se com o sinal da cruz, e em seguida se faz a leitura bíblica.)

Ministro: Em nome do Pai e do Filho e do Espírito Santo.

Todos: Amém.

Ministro: "Jesus e os discípulos chegaram em Cafarnaum. Entraram em casa e Jesus perguntou-lhes: 'Sobre que discutíeis no caminho?' Eles se calaram, porque no caminho tinham discutido entre si sobre quem seria o maior. Então Jesus sentou-se, chamou os doze e lhes disse: 'Quem quiser ser o primeiro deve ser o último de todos e o servo de todos'. Tomou um menino, o colocou no meio deles, e, abraçando-o, disse: 'Quem acolhe um destes meninos em meu nome, é a mim que acolhe; e quem me acolhe, não acolhe a mim, mas Aquele que me enviou'" (Mc 9,33-37).

(Segue-se breve reflexão. Depois o Ministro põe a mão direita sobre a cabeça da criança e recita a oração:)

Ministro: Senhor Jesus Cristo, Vós quisestes nascer entre nós e ser criança também. A tal ponto amastes as crianças que fizestes delas um sinal da simplicidade e da abertura necessárias para o Reino de Deus. Ouvi nossas preces por N. (diz o nome), feito(a) filho(a) de Deus e da Igreja pelo Sacramento do Batismo. Protegei-o(a) desde agora e ao longo de sua vida. Que vossa bênção esteja com ele(a) agora e sempre. Amém.

(O Ministro e os pais traçam o sinal da cruz na fronte da criança. Pode-se rezar um Pai-nosso, uma Ave-maria e um Glória.)

7.2.4 Bênção de doente

Ministro: Em nome do Pai e do Filho e do Espírito Santo.

Todos: Amém.

Ministro: Irmãos, vamos bendizer ao Senhor, que passou pelo mundo fazendo o bem e curando a todos.

Todos: Bendito seja Deus para sempre.

Ministro: O Senhor Jesus, que passou pelo mundo fazendo o bem e curando todas as doenças e enfermidades, ordenou aos seus discípulos que se preocupassem com os enfermos, impusessem-lhes as mãos e os abençoassem em seu nome. Nesta oração vamos recomendar ao Senhor este(a) irmão(ã) enfermo(a), para que possa suportar com amor todas as dores do corpo e do espírito e saiba compartilhar com Cristo os seus sofrimentos.

– Irmãos, vamos ouvir as palavras do santo Evangelho escrito por Mateus (11,28-30):

"Vinde a mim todos vós, fatigados e sobrecarregados, e eu vos aliviarei. Tomai sobre os ombros meu jugo e aprendei de mim, que sou manso e humilde de coração, e achareis descanso para as vossas almas. Pois meu jugo é suave e meu peso é leve".

Preces

Roguemos ao Senhor por nosso(a) irmão(ã) enfermo(a) e por todos aqueles que o(a) tratam ou servem.

– Nós vos pedimos que olheis com bondade este(a) doente.

Todos: Ouvi-nos, Senhor.

– Nós vos pedimos que lhe concedais forças.

Todos: Ouvi-nos, Senhor.

– Nós vos pedimos que alivieis os seus sofrimentos.

Todos: Ouvi-nos, Senhor.

– Nós vos pedimos que auxilieis com vossa graça todos os enfermos.

Todos: Ouvi-nos, Senhor.

– Nós vos pedimos que sustenteis com vossa força aqueles que os assistem.

Todos: Ouvi-nos, Senhor.

(O Ministro, fazendo o sinal da cruz na fronte do doente, reza a oração da bênção:)

Ministro: Senhor, Pai santo, Deus eterno e todo-poderoso, que com a vossa bênção ergueis de sua fraqueza a condição humana e a consolidais, inclinai-vos com bondade sobre este(a) vosso(a) filho(a) N., para que, vencida sua enfermidade, e completamente restabelecida a saúde, ele(a) venha a bendizer com gratidão o vosso nome. Por Cristo, Nosso Senhor.

Todos: Amém.

Ministro: O Senhor Jesus, que passou pelo mundo fazendo o bem e curando a todos, nos conserve com saúde e nos cubra de sua bênção.

Todos: Amém.

7.2.5 Bênção da saúde

Ministro: A nossa proteção está no nome do Senhor.

Todos: Que fez o céu e a terra.

Ministro: Ouvi, Senhor, a nossa oração.

Todos: E chegue a Vós o nosso clamor.

Ministro: O Senhor esteja convosco.

Todos: Ele está no meio de nós.

Ministro: Oremos. O Senhor Jesus Cristo esteja a vosso lado para vos defender; dentro de vós para vos conservar; diante de vós para vos conduzir; atrás de vós para vos guardar; acima de vós para vos abençoar. Ele que é Deus com o Pai e o Espírito Santo.

Todos: Amém.

Ministro: Pela intercessão da Virgem Maria e de Santo(a)... desça sobre vós a bênção de Deus todo-poderoso, Pai, Filho e Espírito Santo.

Todos: Amém.

7.2.6 Bênção da mesa

   a) Antes da refeição

Ministro: Em nome do Pai e do Filho e do Espírito Santo.

Todos: Amém.

Ministro: São Paulo nos diz: "Quer estejais comendo ou bebendo, ou fazendo qualquer outra coisa, fazei tudo para a glória de Deus" (1Cor 10,31).

Ministro: Oremos. Bendito sejais Vós, Senhor, Deus do universo, pelo alimento que recebemos de vossas mãos, fruto da terra e do trabalho das pessoas, e que para nós se vai tornar sustento na caminhada da vida e nos dará novas forças que colocaremos a serviço de vosso Reino.

Todos: Amém.

b) Depois da refeição

Ministro: Bendirei o Senhor Deus em todo o tempo.

Todos: Seu louvor estará sempre em minha boca.

Ministro: Oremos. Senhor, que alimentais todo o ser vivo, conservai em vosso amor todos aqueles aos quais concedeis sentar-se em torno desta mesa. Tornai-nos solícitos para com os nossos irmãos, para que possamos um dia participar também da mesa celestial em vosso Reino, com aqueles que tomam alimento conosco. Por Cristo, Nosso Senhor.

Todos: Amém.

7.2.7 Bênção de plantações, campos e pastagens

Ministro: Em nome do Pai e do Filho e do Espírito Santo.

Todos: Amém.

Ministro: Juntos vamos bendizer a Deus, que nos dá o orvalho do céu e a fertilidade da terra.

Todos: Amém.

Ministro: Vamos bendizer a Deus, que com sua onipotência criou a terra e com sua providência a conserva e enriquece. O cultivo da terra, Ele o confiou aos homens, a fim de poderem colher os frutos para sustento da vida e garantia da alimentação.

Mas, enquanto damos graças a Deus por sua liberdade, aprendemos também, seguindo o Evangelho, a procurar primeiramente o Reino de Deus e a sua justiça, pois todas as coisas de que temos necessidade nos serão dadas por acréscimo.

Leitura da Palavra de Deus (Dt 32,10c-14)

Irmãos, ouçamos as palavras do Livro do Deuteronômio: "Deus cercou de cuidados o seu povo e o ensinou, guardou-o como a menina dos olhos. Qual águia, que desperta a ninhada voando sobre os filhotes, também Ele estendeu suas asas e o apanhou, e sobre as penas o carregou. Somente o Senhor o guiava, e nenhum outro deus estava com ele. Ele o fez galgar as alturas da terra, alimentou-o com os produtos do campo; Ele o fez sugar mel dos rochedos e azeite da pedra duríssima. A nata das vacas e o leite das ovelhas, a carne gorda dos cordeiros, dos touros de Basã e dos cabritos, com a flor do trigo. Bebeste o sangue da uva, a bebida espumante".

(Se for oportuno, o Ministro dirige algumas palavras, explicando a leitura bíblica.)

Preces

Ministro: O Senhor, Pai de todos os seres humanos, olha com bondade os seus filhos, os alimenta e sustenta, abençoando a terra para que produza frutos. Como filhos, supliquemos, dizendo: Senhor, escutai a nossa prece.

– Por meio do Apóstolo Paulo Vós nos chamastes de "lavoura de Deus". Fazei-nos estar sempre unidos a Vós, cumprindo em tudo a vossa vontade. Rezemos.

Todos: Senhor, escutai a nossa prece.

– Abençoais a terra e vos dignais enchê-la de fertilidade. Fazei, com vossa bênção, que os nossos campos produzam o alimento de que necessitamos. Rezemos.

Todos: Senhor, escutai a nossa prece.

– Multiplicais o trigo. Com ele nos dais o pão nosso de cada dia e nos presenteais com o alimento eucarístico. Dai-nos abundância de cereais com a chuva do céu e a fecundidade da terra. Rezemos.

Todos: Senhor, escutai a nossa prece.

– Dais comida às aves do céu e roupagem aos lírios do campo. Ensinai-nos a não nos preocupar com o que comer ou o que vestir e a procurar primeiro o vosso reino e a vossa justiça. Rezemos.

Todos: Senhor, escutai a nossa prece.

Ministro: Oremos. Nós vos suplicamos, Senhor, Pai santo, que ordenastes ao homem trabalhar a terra e preservá-la, concedei-nos sempre riqueza de safras e abundância de todo fruto. Afastai os perigos do mau tempo, seca, enchente, granizo, geada, e dignai-vos multiplicar o produto de todas essas plantações. Por Cristo, Nosso Senhor.

Todos: Amém.

Ministro: Deus, fonte de todos os bens, abençoai-nos e fecundai os nossos trabalhos, para que nos alegremos com os vossos dons e juntos vos louvemos para sempre.

Todos: Amém.

7.2.8 Bênção de animais

Ministro: O nosso auxílio está no nome do Senhor.

Todos: Que fez o céu e a terra.

Ministro: Rezemos o Salmo 8,7-9a:

"Senhor, destes ao homem poder sobre tudo. Vossas obras, aos pés lhe pusestes: as ovelhas, os bois, os rebanhos, todo o gado e as feras das matas; passarinhos e peixes dos mares".

Ministro: Oremos. Ó Deus, tudo fizestes com sabedoria e destes ao homem, criado à vossa semelhança, o domínio sobre os animais, mediante vossa bênção. Estendei a vossa mão e concedei que estes animais satisfaçam as nossas necessidades, enquanto nós, vossos filhos, ajudados por estes meios materiais, possamos aspirar, confiantes, aos bens eternos. Por Cristo, Nosso Senhor.

Todos: Amém.

(Se for oportuno, o Ministro asperge água-benta sobre os presentes e sobre os animais.)

7.2.9 Bênção de túmulo

(O Ministro, junto ao túmulo, faz a seguinte oração, podendo aspergi-lo com água-benta.)

Ministro: Oremos. Senhor Jesus Cristo, permanecendo três dias no sepulcro, santificastes os túmulos dos vossos fiéis, para que, recebendo nossos corpos, fizessem crescer a esperança de nossa ressurreição. Que N., nosso(a) irmão(ã), descanse em paz neste sepulcro até que Vós, Ressurreição e Vida, o ressusciteis para contemplar a luz eterna na visão da vossa face. Vós que sois Deus com o Pai na unidade do Espírito Santo.

Todos: Amém.

7.2.10 Bênção de automóvel

Leitura bíblica (Jo 14,5-7)

"Tomé disse a Jesus: Senhor, não sabemos para onde vais. Como podemos saber o caminho? Jesus lhe respondeu: Eu sou o Caminho, a Verdade e a Vida; ninguém pode ir ao Pai senão por mim. Se me conheceis, conhecereis também o meu Pai, e desde agora o conheceis e já o vistes".

Oração

Bendito sejais, Deus criador do céu e da terra. Destes ao homem a capacidade de fazer tanta coisa, usando os recursos da natureza criada por Vós. Concedei aos que usarem este veículo percorrerem com segurança o seu caminho e serem, para os outros, testemunhas de prudência e responsabilidade. Que este carro seja instrumento favorável à vida humana, seja conduzindo as pessoas ao trabalho, seja promovendo o justo descanso. E que Vós, Senhor Jesus, sejais sempre o companheiro de cada viagem.

Vós que sois Deus com o Pai, na unidade do Espírito Santo.

Todos: Amém.

7.2.11 Bênção de objetos diversos

Leitura bíblica (1Tm 4,4-5)

"Tudo o que Deus criou é bom e nada deve ser recusado quando se usa com ação de graças; porque a Palavra de Deus e a oração santificam tudo".

Oração

Ó Deus, por cuja Palavra todas as coisas são santificadas, derramai a vossa bênção sobre nós e sobre este objeto. Concedei-nos a alegria de usar este dom vosso com o coração agradecido. Por Nosso Senhor Jesus Cristo, vosso Filho, na unidade do Espírito Santo.

Todos: Amém.

8 Exposição do Santíssimo Sacramento

Ministro: Oremos pelo nosso Santo Padre o Papa N.

Povo: O Senhor o guarde e lhe conceda longa vida, torne-o feliz na terra e não o deixe cair sob a ira de seus inimigos.

Ministro: Tu és Pedro (aleluia).

Povo: E sobre esta pedra edificarei a minha Igreja (aleluia).

Ministro: Oremos. Deus, pastor e guia de todos os fiéis, olhai propício para o vosso servo N., que constituístes pastor da vossa Igreja. Concedei-lhe, vos suplicamos, a graça de edificar seus súditos com suas palavras e exemplos, a fim de que o rebanho que lhe foi confiado alcance a vida eterna. Por Cristo, Senhor Nosso.

Povo: Amém.

Ministro: Oremos por nosso (arce)bispo N.

Povo: Que ele permaneça firme e apascente o seu rebanho na vossa fortaleza, Senhor, e na sublimidade do vosso nome.

Ministro: Tu és sacerdote para sempre (aleluia).

Povo: Segundo a ordem de Melquisedec (aleluia).

Ministro: Oremos. Ó Deus, que velais sobre o vosso povo com bondade e o conduzis com amor, dai o espírito de sabedoria e a abundância de vossas graças a vosso servo N., nosso prelado, a quem confiastes o cuidado de nossa direção espiritual, para que ele cumpra fielmente junto de nós os deveres do ministério sacerdotal e receba na eternidade a recompensa de um fiel dispensador. Por Cristo, Senhor Nosso.

Povo: Amém.

Tão sublime Sacramento

Tão sublime sacramento
adoremos neste altar.
Pois o Antigo Testamento
Deu ao Novo o seu lugar.
Venha a fé, por suplemento,
Os sentidos completar.

Ao Eterno Pai cantemos,
E a Jesus, o Salvador.
Ao Espírito exaltemos,
Na trindade eterno amor.
Ao Deus Uno e Trino demos
A alegria do louvor. Amém.

Ministro: Do céu lhes destes o Pão (aleluia).

Povo: Que contém todo o sabor (aleluia).

Ministro: Oremos. Deus, que neste admirável sacramento nos deixastes o memorial da vossa paixão, concedei-nos tal veneração pelos sagrados mistérios do vosso Corpo e do vosso Sangue, que experimentemos sempre em nós a sua eficácia redentora. Vós que sois Deus com o Pai e o Espírito Santo.

Povo: Amém.

(O Ministro não dá a bênção, mas reza as orações que seguem, e no final guarda o Santíssimo.)

Bendito seja Deus

Bendito seja Deus,
Bendito seja o seu Santo Nome.
Bendito seja Jesus Cristo,
verdadeiro Deus e verdadeiro homem.
Bendito seja o Nome de Jesus.
Bendito seja o seu Sacratíssimo Coração.
Bendito seja o seu Preciosíssimo Sangue.
Bendito seja Jesus no Santíssimo Sacramento do altar.
Bendito seja o Espírito Santo Paráclito.
Bendita seja a grande Mãe de Deus,
Maria Santíssima.

Bendita seja a sua santa e imaculada Conceição.
Bendita seja a sua gloriosa Assunção.
Bendito seja o nome de Maria Virgem e Mãe.
Bendito seja São José, seu castíssimo esposo.
Bendito seja Deus nos seus anjos e nos seus santos.

Oração pela Igreja e pela Pátria

Deus e Senhor nosso, protegei a vossa Igreja, dai-lhe santos pastores e dignos ministros. Derramai as vossas bênçãos sobre o nosso Santo Padre, o Papa; sobre o nosso (arce)bispo, sobre o nosso pároco, sobre todo o clero. Sobre o chefe da nação e do Estado, e sobre todas as pessoas constituídas em dignidade, para que governem com justiça. Dai ao povo brasileiro paz constante e prosperidade completa. Favorecei, com os efeitos contínuos da vossa bondade, o Brasil, este (arce)bispado, a paróquia em que habitamos, a cada um de nós em particular, e a todas as pessoas por quem somos obrigados a orar ou que se recomendaram às nossas orações. Tende misericórdia das almas dos fiéis que padecem no purgatório. Dai-lhes, Senhor, o descanso e a luz eterna (Pai-nosso, Ave-Maria, Glória-ao-Pai).

9 Rito de encomendação de um morto

Ministro: Meus irmãos, estamos aqui reunidos para rezar por N., que terminou sua caminhada na terra. Queremos agora professar nossa fé na ressurreição e elevar nossas preces ao Deus da vida, para que nosso irmão (ou irmã) N. seja acolhido(a) pelos anjos e santos no festim da eternidade.

Iniciemos nossa oração: Em nome do Pai e do Filho e do Espírito Santo.

Todos: Amém.

Ministro: Que a graça de Nosso Senhor Jesus Cristo, o amor do Pai e a comunhão do Espírito Santo estejam convosco.

Todos: Bendito seja Deus que nos reuniu no amor de Cristo!

Ministro: Rezemos o Salmo 129, dizendo após cada verso: Confia minha alma no Senhor!

– Das profundezas, Senhor, clamo a Vós: / Escutai a minha voz! Atentos se façam vossos ouvidos / ao clamor de minha prece.

Todos: Confia minha alma no Senhor.

– Se levardes em conta, Senhor, as nossas faltas, / quem poderá subsistir? / Mas em Vós encontra-se o perdão, / em Vós temo e espero.

Todos: Confia minha alma no Senhor.

– Minha alma espera no Senhor, / em sua Palavra tenho confiança; / minha alma espera no Senhor, mais confiante / do que o guarda pela aurora.

Todos: Confia minha alma no Senhor.

– No Senhor está toda a graça / copiosa redenção. Ele vem resgatar o povo de toda a iniquidade.

Todos: Confia minha alma no Senhor.

Ministro: Oremos. Pai de misericórdia e Deus de toda consolação, Vós nos acompanhais com amor eterno, transformando as sombras da morte em aurora de vida. Olhai agora compassivo o sofrimento dos vossos filhos. Dai-nos, Senhor, vossa força e proteção para que a noite da nossa tristeza se ilumine com a luz da vossa paz. O vosso Filho e Senhor nosso, morrendo, destruiu nossa morte, e ressurgindo deu-nos novamente a vida. Dai-nos a graça de ir ao seu encontro, para que após a caminhada desta vida estejamos um dia reunidos com nossos irmãos, onde todas as lágrimas serão enxugadas. Por Nosso Senhor Jesus Cristo, vosso Filho, na unidade do Espírito Santo.

Todos: Amém.

Ministro: E agora, para vivermos na esperança e no consolo deste momento de despedida, vamos escutar a Palavra de Deus, que nos é dirigida por São Paulo (Rm 6,3-4.8-9).

Leitor: "Irmãos, ignorais que todos nós que fomos batizados em Jesus Cristo, fomos batizados na sua morte? Pelo Batismo fomos sepultados com Ele, para nos unirmos à sua morte e para que, assim como Cristo foi ressuscitado dentre os mortos pela glória do Pai, assim também nós caminhemos numa vida nova. Ora, se morremos com o Cristo, estamos convictos de que também viveremos com Ele, pois sabemos que Cristo, depois de ressurgir dos mortos, já não torna a morrer: a morte não tem mais domínio sobre Ele". Palavra do Senhor!

Todos: Graças a Deus.

Ministro: *(Pode dizer algumas palavras comentando o texto)*

Oração dos fiéis

Ministro: Irmãos, façamos nossas preces a Deus, fonte da vida, que nos deu Jesus Cristo para libertar-nos da morte e do pecado e para nos garantir a ressurreição final.

Após cada invocação digamos: Senhor, escutai a nossa prece!

– Para que todos os homens abram seu coração à fé em Jesus Cristo e nele vivam a esperança da ressurreição, rezemos ao Senhor!

Todos: Senhor, escutai a nossa prece.

– Para que vivamos unidos a Jesus Cristo, buscando fazer sempre a sua santíssima vontade e fazendo o bem para todos, rezemos ao Senhor!

Todos: Senhor, escutai a nossa prece.

– Por este(a) nosso(a) irmão(ã) N. e por todos os falecidos, para que sejam libertos das penas de seus pecados e recebam a recompensa pelo bem que fizeram, rezemos ao Senhor!

Todos: Senhor, escutai a nossa prece.

– Por todos os que sofrem com a ausência deste(a) irmão(ã), para que sejam consolados e recebam a solidariedade dos irmãos de fé, rezemos ao Senhor!

Todos: Senhor, escutai a nossa prece.

– Para que a Palavra de Deus nos faça viver sempre preparados para a outra vida, praticando o bem e vivendo segundo os mandamentos de Deus, rezemos ao Senhor!

Todos: Senhor, escutai a nossa prece.

Ministro: Rezemos unidos a oração que Jesus nos ensinou: Pai nosso...

Ministro: Peçamos o auxílio de Nossa Senhora, Mãe dos aflitos, para toda a família enlutada (ou familiares), rezando três Ave-marias.

(Observação: O Ministro nessa hora pode aspergir o defunto com água-benta e depois dizer: Dai-lhe, Senhor, o descanso eterno, e a luz perpétua o ilumine. Descanse em paz. Amém.)

Ministro: Conforme o costume cristão vamos sepultar o corpo de nosso(a) irmão(ã) N. Peçamos, com toda a confiança, a Deus – para quem tudo vive – que ressuscite na glória dos santos este corpo que hoje sepultamos e o acolha entre os eleitos.

– Pai Santo, Deus eterno e todo-poderoso, nós vos pedimos por nosso(a) irmão(ã)... que chamastes deste mundo. Dai-lhe a felicidade, a luz e a paz. Que ele(a), tendo passado pela morte, participe do convívio de vossos santos na luz eterna como prometestes a Abraão e à sua descendência. Que sua alma nada sofra, e vos digneis ressuscitá-lo(a) com os vossos santos no dia da ressurreição e da recompensa. Perdoai-lhe os seus pecados, para que alcance junto a Vós a vida imortal no reino eterno. Por Nosso Senhor Jesus Cristo, na unidade do Espírito Santo.

Todos: Amém.

Ministro: Que Deus enriqueça a todos nós com sua bênção: Em nome do Pai e do Filho e do Espírito Santo.

Todos: Amém.

10 Cantos

10.1 O Povo de Deus

Nely Silva Barros (Paulinas-Comep-CD 88)

1) O povo de Deus no deserto andava,
Mas à sua frente alguém caminhava.
O povo de Deus era rico de nada,
Só tinha esperança e o pó da estrada.
/: Também sou teu povo, Senhor,
E estou nesta estrada.
Somente a tua graça me basta e mais nada:/

2) O povo de Deus também vacilava,
Às vezes custava a crer no amor.
O povo de Deus, chorando, rezava,
Pedia perdão e recomeçava.
/: Também sou teu povo, Senhor,
E estou nesta estrada.
Perdoa se às vezes não creio em mais nada:/

3) O povo de Deus também teve fome,
E tu lhe mandaste o pão lá do céu.
O povo de Deus, cantando, deu graças,
Provou teu amor, teu amor que não passa.
/: Também sou teu povo, Senhor,
E estou nesta estrada.
Tu és alimento na longa jornada:/

10.2 Vem, Espírito Santo

Frei Wilson Sperandio

/: Vem, Espírito Santo, vem; vem iluminar!:/

1) Nossos caminhos vem iluminar,
Nossas ideias vem iluminar!
Nossas angústias vem iluminar,
As incertezas vem iluminar!

2) Toda a Igreja vem iluminar,
A nossa vida vem iluminar!
Nossas famílias vem iluminar,
Toda a terra vem iluminar!

10.3 Tu deste saúde

D.R.

1) Tu deste saúde aos doentes, Senhor,
Mostrando que veio teu Reino de Amor!
Contigo queremos os fracos amar,
/: Da vida e saúde de todos cuidar:/.

2) Dos cegos curaste a vista, Senhor,
Mostrando que veio teu Reino de Amor!
Contigo queremos os cegos amar,
/: Da vida e saúde de todos cuidar:/.

3) Dos mudos soltaste a língua, Senhor,
Mostrando que veio teu Reino de Amor!
Contigo queremos os mudos amar,
/: Da vida e saúde de todos cuidar:/.

4) Dos surdos abriste o ouvido, Senhor,
Mostrando que veio teu Reino de Amor!
Contigo queremos os surdos amar,
/: Da vida e saúde de todos cuidar:/.

5) O mal de leprosos saraste, Senhor,
Mostrando que veio teu Reino de Amor!
Contigo queremos os doentes amar,
/: Da vida e saúde de todos cuidar:/.

10.4 Hóstia branca

C. Hoff

1) Hóstia branca no altar consagrada,
Adorável Cordeiro Pascal,
Os mais ímpios mortais regeneras,
Teus devotos defendes do mal.

Sacrossanto maná dos altares,
Corpo e Sangue do meu Redentor,
Reverente minha alma te adora,
Eu te adoro mistério de amor!

2) Hóstia pura, sagrado alimento,
Pão do céu, encerrado no altar,
Oh, eu quero guardar-te em meu peito,
Vem minha alma fiel confortar.

10.5 Graças vos damos, Senhora

D.R.

1) Graças vos damos, Senhora,
Virgem por Deus escolhida
/: Para Mãe do Redentor,
Ó Senhora Aparecida!:/.

2) Protegei a Santa Igreja,
Mãe terna e compadecida,
/: Protegei a nossa pátria,
Ó Senhora Aparecida:/.

3) Velai por nossas famílias,
Pela infância desvalida,
/: Pelo povo brasileiro,
Ó Senhora Aparecida:/.

4) Aos enfermos dai saúde,
Aos errantes dai guarida,
/: Que todos, todos se salvem,
Ó Senhora Aparecida:/.

5) E na hora derradeira,
Ao sairmos desta vida,
/: Suplicai a Deus por nós,
Virgem Mãe Aparecida!:/.

10.6 Com minha mãe 'starei

D.R.

1) Com minha Mãe 'starei:
Na santa glória um dia;
Ao lado de Maria no céu triunfarei!

/: No céu, no céu com Minha Mãe 'starei!:/

2) Com minha Mãe 'starei:
Aos anjos me ajuntando,
Eu, hinos entoando, louvores lhe darei.

3) Com minha Mãe 'starei:
Ditoso pensamento
Que em meio ao sofrimento fiel recordarei.

10.7 Dai-nos a bênção

D.R.

/: Dai-nos a bênção, ó Mãe querida,
Nossa Senhora Aparecida:/.

/: Sob esse manto do azul dos céus,
Guardai-nos sempre no amor de Deus:/.

10.8 Hino da Medianeira

L: Dom Aquino Corrêa
M: Pe. Jorge Zanchi – SAC

1) Mãe de Deus, Virgem Mãe pura e bela,
Toda cheia de graça e de luz!
És nosso íris em meio à procela,
Tu que enlaças nossa alma a Jesus!

Medianeira de todas as graças,
Que na terra derrama os céus.
/: Esperamos em ti que nos faças,
Ó Maria, subir até Deus! :/

2) Sobre as noites fatais de nossa alma,
Como a lua no céu nos sorris;
Refletindo essa luz doce e calma,
Com que Deus chama a si o infeliz.

11 Oração para uma boa viagem

Senhor Jesus, Tu que és o peregrino do Pai e caminhas conosco neste mundo, por intercessão da Mãe Medianeira, eu te peço:

Abençoa minha viagem!

Abençoa minha vida!

Protege-me de todo mal.

Dá-me saúde do corpo e do espírito.

E no final da viagem da vida, que eu me encontre contigo e com meus irmãos no céu! Amém!

Com aprovação eclesiástica

CATEQUÉTICO PASTORAL

Catequese – Pastoral
Ensino religioso

CULTURAL

Administração – Antropologia – Biografias
Comunicação – Dinâmicas e Jogos
Ecologia e Meio Ambiente – Educação e Pedagogia
Filosofia – História – Letras e Literatura
Obras de referência – Política – Psicologia
Saúde e Nutrição – Serviço Social e Trabalho
Sociologia

TEOLÓGICO ESPIRITUAL

Biografias – Devocionários – Espiritualidade e Mística
Espiritualidade Mariana – Franciscanismo
Autoconhecimento – Liturgia – Obras de referência
Sagrada Escritura e Livros Apócrifos – Teologia

REVISTAS

Concilium – Estudos Bíblicos
Grande Sinal
REB – SEDOC

VOZES NOBILIS

Uma linha editorial especial, com importantes autores, alto valor agregado e qualidade superior.

PRODUTOS SAZONAIS

Folhinha do Sagrado Coração de Jesus
Calendário de mesa do Sagrado Coração de Jesus
Agenda do Sagrado Coração de Jesus
Almanaque Santo Antônio – Agendinha
Diário Vozes – Meditações para o dia a dia
Encontro diário com Deus – Guia Litúrgico

VOZES DE BOLSO

Obras clássicas de Ciências Humanas em formato de bolso.

CADASTRE-SE
www.vozes.com.br

EDITORA VOZES LTDA.
Rua Frei Luís, 100 – Centro – Cep 25689-900 – Petrópolis, RJ
Tel.: (24) 2233-9000 – Fax: (24) 2231-4676 – E-mail: vendas@vozes.com.br

UNIDADES NO BRASIL: Belo Horizonte, MG – Brasília, DF – Campinas, SP – Cuiabá, MT
Curitiba, PR – Florianópolis, SC – Fortaleza, CE – Goiânia, GO – Juiz de Fora, MG
Manaus, AM – Petrópolis, RJ – Porto Alegre, RS – Recife, PE – Rio de Janeiro, RJ
Salvador, BA – São Paulo, SP